Rainer Haak

Liebe das Leben und nimm dir Zeit

Fotografien von Josef Bieker

HERDER FREIBURG · BASEL · WIEN

Luxus

Das ist der wahre Luxus,
nach dem ich mich sehne:
ein guter Freund,
auf den ich mich verlassen kann,
ein ehrliches Wort,
das nicht verletzen will,
genug Zeit, um das zu tun,
was mir wichtig ist,
ein Ort, an dem ich zur Ruhe komme.

Nicht immer schneller

Wer sein Leben liebt,
muss nicht immer Erster sein
und als Sieger vom Platz gehen.
Er muss nicht alles tun,
was andere von ihm erwarten.
Er muss nicht immer mehr erreichen
und sich immer höhere Ziele stecken.
Er muss nicht immer länger arbeiten
und alles immer schneller erledigen,
sondern darf sich des Lebens freuen und
soll sich öfter einmal Zeit lassen.

Zeit für mich selbst

Mich engagieren und alles geben
und öfter mal zur Ruhe kommen,
hart und konzentriert arbeiten
und ohne schlechtes Gewissen faulenzen,
ein hohes Tempo vorlegen
und auf einer Bank im Park die Sonne genießen,
Kontakt zu vielen Menschen pflegen
und Zeit für mich selbst haben,
bescheiden sein und verzichten können
und das Leben lieben und genießen.

Ein gutes Wort

Ich wünsche mir,
dass ich an keinem Tag vergesse,
dem Menschen an meiner Seite
ein gutes Wort zu sagen.
Ich wünsche mir,
dass ich den Tag nicht daran messe,
wie viel ich gearbeitet habe,
sondern wie viel Freude ich verschenkt habe,
nicht daran, wie viel ich verdient habe,
sondern wie viel ich geliebt habe.
Und ich wünsche mir,
dass ich an jedem Tag ein Lächeln verschenke.

Weniger Geschwindigkeit

Wenn mir alles zu hektisch wird,
nehme ich mir etwas Zeit
für einen schönen Spaziergang,
einen kurzen Mittagsschlaf
oder einen Augenblick, in dem ich zu mir finde.
Wenn ich es besonders eilig habe,
versuche ich erst einmal, zur Ruhe zu kommen
und mich auf das zu besinnen,
was jetzt wichtig ist.
Wenn mir alles zu viel wird,
atme ich erst einmal tief durch.

Das Leben nicht verpassen

Wenn ich fürchte, das Leben zu verpassen,
sollte ich nicht immer mehr tun,
sondern mich auf das Wichtigste beschränken.
Ich sollte nicht immer mehr haben wollen,
sondern mit weniger zufrieden sein.
Ich sollte nicht immer schneller laufen,
sondern mein persönliches Tempo finden.
Ich sollte nicht immer mehr erleben wollen,
sondern intensiver leben.
Ich sollte nicht der Mehrheit folgen,
sondern meinen eigenen Weg gehen.
Wenn ich mehr vom Leben erwarte,
sollte ich es mit weniger versuchen.

Loslassen

Manchmal lasse ich das Auto stehen
und gehe eine Strecke zu Fuß.
Manchmal verlasse ich eine langweilige Sitzung
und besuche meine kleine Nichte.
Manchmal begrabe ich einen alten Streit
und schließe Frieden.
Manchmal lasse ich meine Arbeit warten
und füttere die Enten im Park.
Manchmal lasse ich los, was mich belastet,
und fange neu an.
Manchmal vergesse ich meine Sorgen
und genieße das Leben.

Etwas Zeit

Ein Augenblick für mich –
ein Moment Ruhe zum Nachdenken,
eine kurze Pause zum Ausruhen,
eine Minute zum Luftholen,
etwas Zeit für einen Spaziergang,
eine Stunde für eine interessante Begegnung,
ein paar Sekunden zum Lachen –
das alles tut gut und
kann den ganzen Tag verändern.

Heimat

Ich will nicht weglaufen –
vor meiner eigenen Vergangenheit,
vor meiner Verantwortung für mich selbst
und für die Menschen neben mir,
vor meinen Schwächen und Problemen,
vor meinem Glauben und meinen Träumen.
Ich will nicht weglaufen,
weil mir meine Wurzeln wichtig sind,
weil ich wissen will, wohin ich gehöre, und
weil ich im Leben eine Heimat brauche.

Langsamer leben

Hektik ist kein guter Ratgeber.
Oft komme ich schneller ans Ziel,
wenn ich mir mehr Zeit lasse.
Ich bin viel erfolgreicher,
wenn ich ausgeruht bin.
Ich freue mich über gute Ergebnisse,
wenn ich nur eine Sache auf einmal mache.
Ich verstehe meinen Gesprächspartner besser,
wenn ich mir alles in Ruhe anhöre.
Ich schaffe gerade dann mehr,
wenn ich mir nicht so viel vornehme.
Denn alles im Leben braucht seine Zeit.

Zeit haben

Stell dir vor,
ich würde öfter einmal Zeit haben,
um in Ruhe ein offenes Gespräch zu führen
und einen Menschen neu kennen zu lernen!
Stell dir vor,
ich würde öfter einmal Zeit haben,
um morgens den Sonnenaufgang mitzuerleben
und mich über die Schöpfung zu freuen!
Stell dir vor,
ich würde öfter einmal Zeit haben,
um über mein Leben nachzudenken
und alles aus einem anderen Blickwinkel zu sehen.
Stell dir vor,
ich nehme mir die Zeit – und lebe!

Hohe Rendite

Zeit ist Geld.
So lautet ihre grausame Devise.
Und wenn sie ihre Zeit investieren,
dann erwarten sie eine hohe Rendite.
Sie verkaufen ihre Zeit
und wissen nichts von dem tiefen Glück,
ihre Zeit einem kleinen Kind zu schenken,
das tausend Fragen und große Träume hat,
einem Kranken geduldig die Hand zu halten
oder mit Freunden offen über alles zu reden.
Doch die Seele braucht mehr als Geld.

Nicht zu viel

Ich wünsche dir, dass du
dir für jede deiner Entscheidungen Zeit lässt –
aber nicht zu viel!
Ich wünsche dir, dass du
dir nach jeder Anstrengung Erholung gönnst –
aber nicht zu viel!
Ich wünsche dir, dass du
dir genügend Ruhe und Stille schenkst –
aber nicht zu viel!
Ich wünsche dir, dass du in deinem Leben
nicht zu schnell und nicht zu langsam bist.

Die lange Bank

Das will ich schon lange tun –
eine Freundin aus Kindertagen besuchen,
im Garten einen Apfelbaum pflanzen,
den Bach entlang zur Quelle wandern,
auf dem Fernsehturm Kaffee trinken,
ein Picknick unten am See machen,
mich mit meinem Nachbarn aussprechen,
in der alten Kirche eine Kerze anzünden,
einige Tage auf der romantischen Burg wohnen,
mich über die Seeadler informieren
oder ein bestimmtes Buch lesen.
Ich will es nicht auf die lange Bank schieben –
mit einer Sache fange ich an!

Überraschung

Ein herrlicher Tag –
und ich freue mich auf einen Spaziergang.
Vielleicht werde ich die Vögel singen hören
und das frisch geschnittene Gras riechen.
Vielleicht werde ich unten am Bach
die jungen Triebe der alten Weide bewundern.
Vielleicht werde ich zur Brücke gehen
und den Enten zuschauen.
Vielleicht werde ich offene Menschen treffen
und mit ihnen ins Gespräch kommen.
Ich werde mich überraschen lassen –
wie gut, dass ich Zeit habe!

Zeit gewinnen

Eine Sorge weniger,
ein Problem ganz schnell gelöst,
auf eine teure Anschaffung verzichtet,
einen unwichtigen Termin abgesagt,
eine falsche Freundschaft beendet,
einen unnötigen Streit begraben,
eine alte Verletzung heilen lassen,
eine meiner Ängste besiegt,
eine schwere Last abgelegt –
und schon habe ich mehr Zeit zum Leben.

GEN WAS DIE WIMPER HÄLT
ON DEM GOLDNEN ÜBERFLUSS DER WELT

Kein Zeitdruck

Es gefällt mir nicht,
ständig unter Zeitdruck zu leben.
Deshalb will ich mir nicht mehr vornehmen,
als mein Herz und meine Seele verkraften.
Für eine schwierige Aufgabe
will ich mir genügend Zeit lassen.
Bevor ich eine wichtige Entscheidung treffe,
werde ich noch einmal darüber schlafen.
Meinen Urlaub will ich rechtzeitig planen
und mir Zeit für die Vorbereitungen lassen.
Ich mache endlich Schluss damit,
dem Leben ständig hinterherzulaufen.

422
424

Was mir gut tut

Ein Spaziergang tut mir besonders gut,
wenn ich vorher hart gearbeitet habe.
Über den Besuch eines Freundes
freue ich mich gerade dann,
wenn wir uns lange nicht gesehen haben.
Eine liebevolle Umarmung ist ein Geschenk,
vor allem, wenn wir uns eben gestritten haben.
Über die Sonne freue ich mich besonders,
wenn es vorher lange geregnet hat.
Und etwas freie Zeit weiß ich dann zu schätzen,
wenn mein Tag völlig verplant ist.

Freude und Trauer

Ich nehme mir Zeit,
um die Freude auszukosten
und glücklich zu sein.
Ich nehme mir Zeit,
um meine Trauer auszuhalten
und in Ruhe Abschied zu nehmen.
Ich nehme mir Zeit
für das Schöne und Schwere,
und ich spüre, wie lebendig ich bin.

Jeder Augenblick

Ich liebe das Leben,
doch ich weiß nicht,
wie viel Zeit mir noch bleibt.
Eines aber weiß ich genau:
Dieser Tag
ist kostbar und einzigartig.
Darum habe ich mich entschieden:
Ich lebe jeden Augenblick intensiv,
und ich nehme mir heute zum Leben Zeit.

Freie Zeit

Wenn ich plötzlich viel freie Zeit hätte,
was würde ich damit anfangen?
Würde ich nur faulenzen
und an jedem Tag stundenlang fernsehen?
Oder würde ich sie nutzen,
um einen Traum zu verwirklichen
oder eine Herausforderung anzunehmen?
Würde ich in der alten Berghütte übernachten
oder den Nachbarskindern zeigen,
wie sie ihre Fahrräder reparieren können,
mit Freunden in einem fremden Land wandern
oder etwas völlig Neues lernen?
Wenn ich freie Zeit hätte, so hoffe ich,
würde ich sie gut nutzen!

Was ist wichtig?

Was steht heute auf meinem Plan?
Vielleicht eine wichtige Sitzung,
ein unangenehmer Besuch
oder eine komplizierte Abrechnung?
Die schönsten Ereignisse
sind dort nicht verzeichnet:
Vielleicht ein Vogel,
der vor meinem Fenster sitzt.
Vielleicht ein gemütliches Abendessen.
Vielleicht eine liebevolle Umarmung.
Bestimmt ein fröhliches Lächeln.

Lange genug

Nicht mehr sehr lange,
dann ist der Tag vorbei.
Nicht mehr sehr lange,
dann ist der Urlaub zu Ende.
Nicht mehr sehr lange,
dann müssen wir Abschied nehmen.
Nicht mehr sehr lange,
dann habe ich die Chance vertan.
Nicht mehr sehr lange,
aber lange genug!

Von Rainer Haak sind in gleicher Ausstattung erschienen:

Liebe dein Leben und finde dein Glück
Fotografien von Ulrike Romeis
ISBN 3-451-27973-8

Liebe dein Leben, weil du Geburtstag hast
Fotografien von Josef Bieker
ISBN 3-451-27972-X

Liebe das Leben und vergiss die Sorgen
Fotografien von Ulrike Romeis
ISBN 3-451-28050-7

www.herder.de
Gesamtgestaltung und Konzeption: R·M·E
Roland Eschlbeck/Rosemarie Kreuzer
Satz: Uwe Stohrer, Freiburg
Herstellung: L.E.G.O. Olivotto S.p.A., Vicenza 2003
ISBN 3-451-28051-5

Deine Freundin
Chiara

3.11.7